CONTENIDO

Piensa de manera crítica sobre las fotografías e ilustraciones que aparecen en todo este libro. ¿Quién está tomando las fotografías o creando las ilustraciones? ¿Qué punto de vista representa? ¿De qué manera esto afecta tu punto de vista?

RESISTENCIA Y REBELIÓN

EN 1619 UN GRUPO DE AFRICANOS ESCLAVIZADOS LLEGÓ EN CONDICIONES DE SERVIDUMBRE A LA COLONIA INGLESA DE VIRGINIA EN NORTEAMÉRICA. Estados Unidos no existía en ese momento, y la esclavitud tendría un rol importante en su formación. Según el Proyecto 1619, un proyecto periodístico que tiene el objetivo de replantear la historia de EE. UU. y enfatizar el lugar que ocuparon la esclavitud y la resistencia, "ningún aspecto del país que habría de formarse aquí ha sido ajeno a los 250 años de esclavitud que siguieron".

La esclavitud en Estados Unidos
y la lucha por la libertad

RESISTENCIA A LA ESCLAVITUD

FUGAS Y ACTOS DIARIOS DE REBELDÍA

Cicely Lewis

ediciones Lerner ◆ Mineápolis

CARTA DE CICELY LEWIS

Estimados lectores:

En mi infancia, solo me enseñaban sobre la historia de los negros en febrero. Había una pequeña sección en nuestro libro de historia sobre la esclavitud, y después analizábamos el Movimiento por los Derechos Civiles. Eso era todo. Siempre me pregunté sobre mis ancestros. ¿Lucharon y resistieron? ¿Cómo era posible que alguien fuera dueño de otro ser humano? ¿Qué sucedió entre la esclavitud y el Movimiento por los Derechos Civiles?

Cicely Lewis

Después fui a la universidad y asistí a una clase de literatura afroamericana. Conocer mi historia amplió mi mundo en su totalidad. Comencé a investigar y buscar más información. Visto en retrospectiva, sentí como si me hubieran pateado. ¿Por qué no había aprendido todo eso antes?

Como educadora, quiero asegurarme de que mis estudiantes nunca sientan lo mismo. Quiero que sepan esto:

- La historia de los negros no comenzó con la esclavitud.
- Ni Abraham Lincoln ni el Movimiento por los Derechos Civiles pusieron fin al racismo.
- Las personas negras siempre han luchado y resistido.

Quiero compartir la fuerza, el poder, la *alegría*, la complejidad y la belleza de la historia de los negros. Este es el regalo que espero darles con esta serie, pero no se detengan aquí. Busquen el conocimiento dondequiera que vayan y cuestionen todo.

Mis saludos y mi solidaridad para ustedes.

Cicely Lewis, editora ejecutiva

Durante 250 años, se trajeron millones de africanos a Norteamérica, Sudamérica y el Caribe para trabajar como personas esclavizadas. Cientos de miles de africanos llegaron a Estados Unidos.

La esclavitud tiene sus raíces en la supremacía blanca, la creencia de que las personas blancas son una raza superior. Se trata de un sistema para mantener la opresión de las personas esclavizadas. Las personas esclavizadas sufrieron penurias indescriptibles, pero resistieron.

Durante la historia de la esclavitud, las personas negras encontraron maneras de luchar, ya sea mediante actos de la vida

Muchas personas esclavizadas hicieron trabajos pesados en las plantaciones, como recoger algodón.

El 28 de agosto de 1963, miles de personas participaron de la marcha en Washington para protestar por la igualdad de derechos para las personas negras.

cotidiana, rebeliones o fugas. Pero incluso después de la abolición de la esclavitud, las personas negras continuaron siendo tratadas de forma desigual en la era de Jim Crow, un período en el que se sancionaron leyes para limitar sus derechos. Se segregó a las personas negras y blancas, y las personas negras tuvieron que seguir luchando por sus derechos. La lucha aún continúa. Una y otra vez, las personas negras han demostrado fortaleza y coraje para superar la opresión.

"Durante la esclavitud, después de la esclavitud, durante la Reconstrucción, durante la era de Jim Crow y después, y algunos dirían en la nueva era de Jim Crow, los afroamericanos siempre hemos intentado decidir tanto como fue posible sobre nuestro destino".

—Alaine Hutson, profesora de historia de la Universidad Huston-Tillotson

Una marcha de Black Lives Matter en la ciudad de Nueva York en 2020

CAPÍTULO 1
RESISTENCIA COTIDIANA

NINGÚN SER HUMANO DEBERÍA SER DUEÑO DE OTRO SER HUMANO. Pero las personas esclavizadas eran consideradas propiedad de sus esclavizadores y tenían pocos derechos. No se les permitía tener propiedades, leer, escribir y más. Algunos participaban en rebeliones para luchar por su libertad. Otros participaban en actos cotidianos de resistencia.

La resistencia a la esclavitud comenzó pronto entre las personas negras. En los puertos de la costa de África occidental, los cautivos africanos resistían huyendo. A bordo de los barcos, los africanos se amotinaban. Algunas veces se tiraban al océano como acto de resistencia. Una vez en América, algunos africanos huían. Se refugiaban entre los nativos americanos y formaban comunidades.

Las personas esclavizadas vivían y trabajaban en condiciones horribles. Muchos trabajaban de sol a sol en las plantaciones. Hacían trabajos pesados bajo el sol caliente y no recibían suficiente agua o alimentos para estar saludables. Otras personas esclavizadas trabajaban en las casas de los esclavizadores como sirvientes en el

Un mapa de 1792 de la costa del oeste de África, donde fueron capturados muchos africanos

"La mayor parte de los propietarios
de plantaciones eran muy rigurosos si
nos atrapaban intentando aprender a
escribir … No se nos permitía nunca ir a la
ciudad, y hasta que me escapé no sabía que
se vendían otras cosas además de esclavos,
tabaco y whisky. Nuestra ignorancia era
la mejor forma de contenernos que tenía el
Sur. Sabíamos que podíamos escaparnos,
¿pero qué pasaba si lo hacíamos?"

—John W. Fields, quien estuvo esclavizado, de ochenta y nueve años

hogar. Las mujeres esclavizadas cocinaban, limpiaban y cuidaban a los hijos de sus propietarios. Los sirvientes domésticos con frecuencia eran observados de cerca por quienes eran sus dueños.

A la noche, las personas esclavizadas volvían a sus viviendas. Estos refugios no hacían mucho por protegerlos de las inclemencias del tiempo. Las personas esclavizadas rara vez recibían tratamiento médico adecuado cuando estaban enfermas. Muchas sufrían de malaria, una enfermedad mortal. Con frecuencia, las personas esclavizadas debían trabajar incluso enfermas. Podían ser golpeadas, azotadas, vendidas y apartadas de sus familias, abusadas y asesinadas.

Para luchar, ejercían una resistencia cotidiana. Rompían herramientas, aprendían a leer, simulaban enfermedades y hacían el trabajo con mayor lentitud. Mientras tanto, se sancionaban leyes para prevenir que las personas esclavizadas se rebelaran.

LA PROFUNDIDAD DE LA HISTORIA DE LA CULTURA NEGRA

La historia de la cultura negra no comienza ni termina con la esclavitud. Los reinos africanos, como los imperios de Ghana y Songhai, existieron miles de años antes de la esclavitud americana. Estos reinos tenían su propio arte, cultura y economía. La historia de la cultura negra está llena de personas sobre las que probablemente nunca hayas oído, como el jefe de la policía adjunto estadounidense Bass Reeves, el héroe de la guerra de la revolución estadounidense Crispus Attucks y los millones de africanos que vivieron antes, durante y después de la esclavitud en Estados Unidos.

Phillis Wheatley era una persona esclavizada que aprendió a leer y escribir y se convirtió en un poeta publicado.

CAPÍTULO 2

REBELIONES

AUNQUE LA MAYORÍA DE LAS PERSONAS ESCLAVIZADAS RESISTIÓ A LA ESCLAVITUD DE MANERAS SIMPLES Y COTIDIANAS, ALGUNOS FORMARON PARTE DE REBELIONES. Una de las rebeliones más grandes fue la del 9 de septiembre de 1739. Un grupo de personas esclavizadas se reunió en el río Stono en la colonia de Carolina del Sur para planificar su escape hacia la libertad. El grupo tomó el control de una tienda, tomó armas y mató a los comerciantes. Después mató a los propietarios blancos y quemó los edificios.

Los esclavizadores atraparon al grupo y muchos fueron asesinados. En respuesta a la rebelión de Stono, se aprobó una ley en Carolina del Sur llamada la Ley de los Negros de 1740. La ley limitaba los derechos de las personas esclavizadas. Ya no se les permitía reunirse en grupos, ganar su propio dinero ni aprender a leer.

Un hombre esclavizado llamado Gabriel Prosser se inspiró en las revoluciones estadounidense, francesa y haitiana por sus ideas sobre la libertad. Planificó ir a Richmond, Virginia, y tomar al gobernador James Monroe de rehén hasta que se liberara a las personas esclavizadas de Virginia. Gabriel esperaba que mil personas

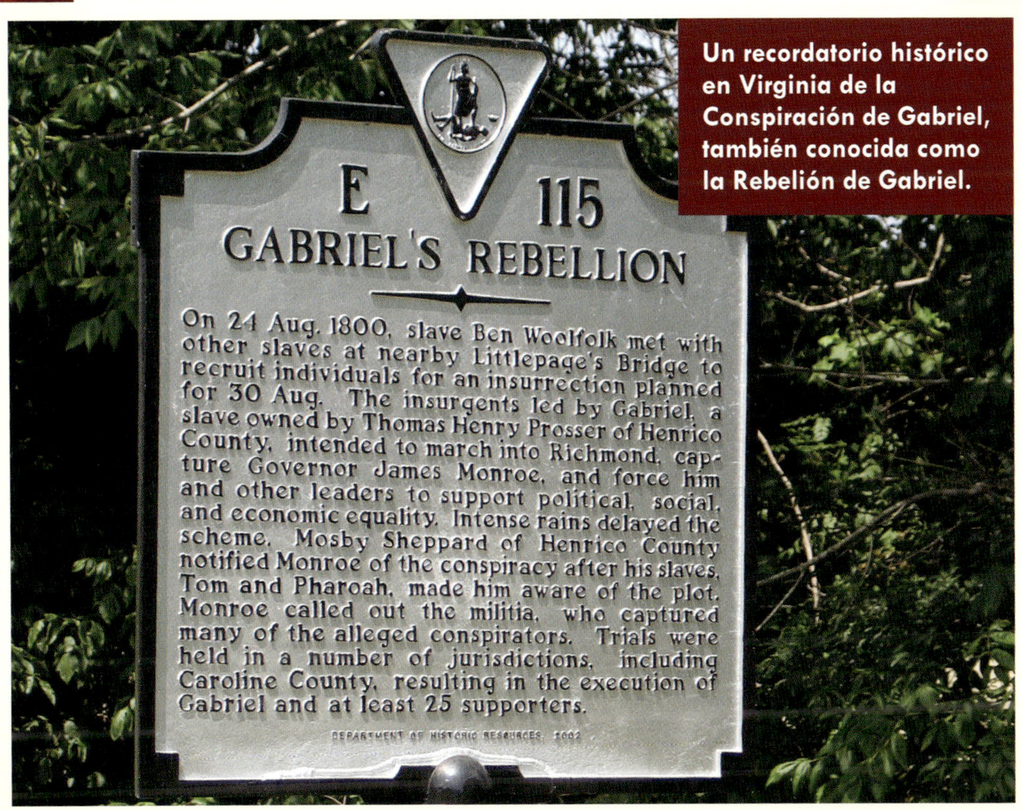

Un recordatorio histórico en Virginia de la Conspiración de Gabriel, también conocida como la Rebelión de Gabriel.

esclavizadas se le unieran, pero se produjo una enorme tormenta el 30 de agosto de 1800, el día planificado para el ataque.

El plan se retrasó y algunas personas esclavizadas les contaron a los esclavizadores sobre el plan de Gabriel. Gabriel y otras personas esclavizadas fueron arrestadas y ejecutadas. Como resultado de la rebelión, llamada la Conspiración de Gabriel, las personas blancas aumentaron las restricciones ejercidas contra las personas esclavizadas.

La rebelión de Nat Turner es uno de los levantamientos más conocidos. El 12 de agosto de 1831, Turner y sus seguidores mataron a unas sesenta personas blancas antes de ser capturados y

PARA REFLEXIONAR

¿De qué manera puede la resistencia llevar al cambio, y qué significa la resistencia para ti?

asesinados. La rebelión causó mucho temor entre las personas blancas. Unas doscientas personas negras, muchas de las cuales no estaban involucradas en la rebelión, fueron asesinadas por grupos violentos de personas blancas.

Aunque la importación de personas esclavizadas a los Estados Unidos se prohibió en 1808, no fue prohibida en otros países. En 1839 el barco español *Amistad* dejó Cuba con africanos esclavizados. Mientras estaban en el mar, los cincuenta y tres africanos a bordo, liderados por Joseph Cinqué, se rebelaron, tomaron el control del barco y demandaron que se los llevara de vuelta a África.

Joseph Cinqué, también conocido como Sengbe Pieh

En su lugar, el *Amistad* atracó en Estados Unidos y comenzó una batalla legal. Los cubanos querían que se les devolvieran los africanos. El caso llegó a la Corte Suprema de Estados Unidos y terminó en victoria para los africanos. En 1841, volvieron al área conocida ahora como Sierra Leona.

Muchas personas murieron durante los levantamientos. Exitosas o fallidas, las rebeliones allanaron el camino para el movimiento abolicionista y la Guerra Civil.

CAPÍTULO 3

EL VIAJE HACIA LA LIBERTAD

CUANDO LAS PERSONAS ESCLAVIZADAS ESCAPABAN, ALGUNAS LO HACÍAN HACIA EL NORTE PARA ENCONTRAR LA LIBERTAD.

Muchas otras deliberadamente se alejaban solo distancias cortas como forma de detener el trabajo en las plantaciones. Los intentos de escape eran peligrosos e inciertos. Aun así, muchas personas esclavizadas huyeron hacia la libertad con la ayuda del Ferrocarril Subterráneo.

El Ferrocarril Subterráneo era una red de personas, o conductores, que usaban sus hogares y negocios, o estaciones, para ayudar a guiar a las personas esclavizadas hacia la libertad. Las personas esclavizadas pasaban de una estación a la otra hasta que llegaban a territorio libre. Harriet Tubman es una de las heroínas más conocidas del Ferrocarril Subterráneo. Fue responsable de conducir a muchas personas esclavizadas hacia la libertad. Pero muchas otras personas ayudaron también en el Ferrocarril Subterráneo.

David Ruggles nació como hombre negro libre cerca de Norwich, Connecticut. Encontró un pasaje seguro hacia el Norte para muchas personas esclavizadas, incluido un hombre llamado Frederick Bailey. Más tarde, Bailey se hizo conocido como Frederick Douglass, un autor y abolicionista muy reconocido.

Harriet Tubman (*izquierda*) y
Frederick Douglass (*derecha*)

Jermain Wesley Loguen

Jermain Wesley Loguen, nacido en la esclavitud en Tennessee, fue en un tiempo llamado el Rey del Ferrocarril Subterráneo. Escapó hacia la libertad a caballo. Después de escapar, se convirtió en uno de los agentes más activos del Ferrocarril Subterráneo.

No todas las personas esclavizadas escapaban gracias al Ferrocarril Subterráneo. Henry "Box" Brown fue un hombre esclavizado que se envió a sí mismo hacia la libertad en una caja (box). En 1848 vendieron a la esposa y los hijos de Brown, entonces decidió escapar. Con la ayuda de Samuel Alexander Smith, un hombre blanco, Brown se escondió en una caja en un barco en un viaje de veintisiete horas hacia la libertad.

Después de escapar hacia la libertad en el Norte, las personas negras encontraban nuevas dificultades. La segregación y la discriminación existían incluso en los lugares en los que no había esclavitud. Muchas personas que habían sido esclavizadas no sabían leer, escribir ni hacer trabajos especializados, de modo que se les hacía difícil ganar los suficiente para vivir.

Entonces se aprobó la Ley de Esclavos Fugitivos de 1850. La ley implicaba que los cazadores de esclavos podían entrar a los estados libres, capturar a las personas esclavizadas que habían encontrado la libertad, y devolverlas al Sur. Como resultado, muchas personas negras libres fueron secuestradas, y muchas personas que habían escapado huyeron más al norte hasta Canadá.

Entre 1861 y 1865, el Norte (la Unión) y el Sur (la Confederación) lucharon entre sí en la Guerra Civil. La Unión quería ponerle fin a la esclavitud. Once estados del Sur se habían separado de la Unión y formaron los Estados Confederados de América para mantener la esclavitud. Las personas negras, incluidas las esclavizadas, lucharon en la Guerra Civil y continuaron resistiendo.

RUTA HACIA LA LIBERTAD EN EL SUR

Las personas esclavizadas también escapaban y se iban más al sur para encontrar la libertad. Entre la década de 1830 y el año 1863, se estima que entre tres mil y cinco mil personas esclavizadas escaparon a México. Muchos escaparon a caballo.

México comenzó a abolir la esclavitud después de obtener su independencia de España en 1821. Según los historiadores, algunas personas esclavizadas veían a las tropas mexicanas como libertadoras, y muchos mexicanos apoyaban a los esclavizados.

FREEDOM'S JOURNAL.

" RIGHTEOUSNESS EXALTETH A NATION."

NEW-YORK, FRIDAY. MARCH 30, 1827.　[VOL. I. No. 3.

CAPÍTULO 4
SOLO EL PRINCIPIO

EN EL SIGLO XIX, EL MOVIMIENTO ABOLICIONISTA AYUDÓ A PONERLE FIN A LA ESCLAVITUD EN ESTADOS UNIDOS. Los abolicionistas trabajaban para abolir la esclavitud y emancipar a las personas esclavizadas.

Los periódicos y otras fuentes impresas ayudaron a dar a conocer la causa abolicionista. El *Liberator*, iniciado por el abolicionista blanco William Lloyd Garrison, fue el periódico abolicionista más influyente. Pero las personas negras también fundaron periódicos importantes contra la esclavitud. Estos incluían el *Mirror of Liberty*, el *Freedom's Journal*, el *National Watchman* y el *North Star*. Los relatos de la esclavitud también tuvieron un rol importante en la abolición. Frederick Douglass, Solomon Northup, Sojourner Truth y otros escribieron sobre sus vidas como personas esclavizadas.

El movimiento abolicionista influyó en muchos otros movimientos sociales, incluido el de derechos de las mujeres. Del mismo modo que las rebeliones y la resistencia avivaron el

John Russwurm (*que aparece aquí*) **cofundó el *Freedom's Journal* en 1827 con Samuel Cornish.**

Douglass escribió sobre su vida como persona esclavizada en este libro *Narrative of the Life of Frederick Douglass, an American Slave.*

PARA REFLEXIONAR

¿Por qué crees que los relatos escritos sobre la esclavitud son tan importantes?

movimiento abolicionista, la lucha contra la segregación y el racismo avivó el movimiento por los derechos civiles en las décadas de 1950 y 1960.

Los efectos dañinos de la esclavitud aún están presentes hoy en día en la sociedad. Los activistas y otros grupos continúan hablando contra el racismo y la discriminación. Las personas comparten historias de cambio a través de las redes sociales, la música y otras plataformas. Los libros antirracistas vieron un enorme aumento de las ventas en 2020 debido al movimiento Black Lives Matter y las protestas contra la violencia policial.

Gente protestando contra la violencia policial y en demanda de justicia racial en la marcha del 28 de agosto de 2020 en Washington.

VOCES DE FUENTES PRIMARIAS

Las personas esclavizadas a veces cantaban canciones llamadas espirituales. Un propósito de cantar espirituales era ayudar a comunicarse unos con otros. Estas canciones contenían mensajes ocultos que podían ayudar a las personas esclavizadas a escaparse hacia la libertad.

Escanea estos códigos QR para oír espirituales cantados y oír la experiencia de una persona esclavizada recién liberada. Mientas escuchas, considera las palabras de las canciones y la emoción de los cantantes. ¿Por qué son importantes estas canciones?

https://www.loc.gov/item/jukebox-4649
Un cuarteto vocal masculino interpreta "Steal Away," grabada el 29 de octubre de 1902.

https://www.loc.gov/item/jukebox-11026
Un cuarteto doble vocal masculino interpreta "Go Down Moses," grabada el 31 de agosto de 1914.

Harriet Tubman recibía el apodo de Moses por su éxito en conducir a las personas esclavizadas hacia la libertad. ¿Qué mensaje crees que se transmite en "Go Down Moses"?

https://www.loc.gov/item/afc1941016_afs05497a/
Laura Smalley, Hempstead, Texas, 1941

También puedes seguir las palabras del orador en la transcripción a la que se accede mediante el enlace debajo del clip de audio.

MANOS A LA OBRA

La resistencia es poderosa y puede producir cambios.
Se puede resistir el maltrato y el racismo y luchar por la
libertad de muchas maneras:

Infórmate sobre lo que sucede. Lee libros y mira noticias
así cuentas con la última información sobre lo que está
sucediendo en el mundo.

Mira las exposiciones del Museo Nacional de Historia y
Cultura Afroamericanas en línea. Lee sobre los elementos
expuestos, y mira fotografías de las exposiciones en
https://nmaahc.si.edu/explore/exhibitions.

Escribe cartas a tu senador, gobernador o cualquier
funcionario electo. Cuéntale sobre los asuntos que te
interesan, y pregúntale qué está haciendo para ayudar.

Habla con un adulto en quien puedas confiar sobre los asuntos que te preocupan. Habla sobre cómo podrías ayudar a las personas maltratadas.

Observa la colección *The African-American Mosaic* de la Biblioteca del Congreso para aprender más sobre el abolicionismo en https://www.loc.gov/exhibits/african/afam007.html.

Consulta la lista de lectura de Read Woke en la página 30 para aprender más sobre la resistencia a la esclavitud.

GLOSARIO

abolir: deshacerse de algo o eliminarlo

abusar: usar o tratar de una manera que es incorrecta
o dañina

discriminación: tratamiento injusto hacia un grupo de
personas particular

emancipar: liberar de la esclavitud u otras formas de control

influyente: que tiene el poder de afectar a otras personas

motín: una rebelión abierta contra las autoridades

rebelión: una lucha armada o acto de desobediencia contra
un gobierno o gobernante

resistencia: la lucha contra algo o el rechazo a aceptar o
seguir algo

restricción: la limitación o el control de alguien o algo

segregación: un sistema legal de separación forzada,
específicamente por raza

separarse: dejar un grupo

NOTAS SOBRE LAS FUENTES

4   "Trailer: Introducing '1619,'" *New York Times*, actualizado el 4 de septiembre de 2019, https://www.nytimes.com/2019/08/22/podcasts/1619-trailer.html.

7   John Burnett, "A Chapter in U.S. History Often Ignored: The Flight of Runaway Slaves to Mexico," National Public Radio, 28 de febrero de 2021, https://www.npr.org/2021/02/28/971325620/a-chapter-in-u-s-history-often-ignored-the-flight-ofrunaway-slaves-to-mexico.

10   "Born in Slavery: Slave Narratives from the Federal Writers' Project, 1936 to 1938," Biblioteca del Congreso, consultado el 29 de marzo de 2021, https://www.loc.gov/collections/slave-narratives-from-the-federal-writers-project-1936-to-1938/articles-and-essays/voices-and-faces-from-the-collection/.

LISTA DE LECTURAS DE READ WOKE

Atlantic Slave Trade Facts for Kids
https://kids.kiddle.co/Atlantic_slave_trade

Frederick Douglass National Historic Site
https://www.nps.gov/frdo/index.htm

Grady, Cynthia. *Like a Bird: The Art of the American Slave Song*. Mineápolis: Millbrook Press, 2016.

Hubbard, Rita L. *The Oldest Student: How Mary Walker Learned to Read*. Nueva York: Schwartz & Wade Books, 2020.

Resistance to Slavery
http://slaveryandremembrance.org/articles/article/?id=A0006

Slave Rebellions
https://kids.britannica.com/kids/article/slave-rebellions/632865

Tyner, Dr. Artika R. *Black Lives Matter: From Hashtag to the Streets*. Mineápolis: Lerner Publications, 2021.

Weatherford, Carole Boston. *Box: Henry Brown Mails Himself to Freedom*. Somerville, MA: Candlewick, 2020.

ÍNDICE

CRÉDITOS POR LAS FOTOGRAFÍAS

Créditos de las imágenes: Sydney King/National Park Service, p. 4; North Wind Picture Archives/Alamy Stock Photo, p. 5; National Archives, p. 6; Julian Leshay/Shutterstock.com, p. 7; Library of Congress, pp. 8, 9, 17; Smithsonian National Museum of African American History and Culture, pp. 11, 22; South Carolina Department of Archives and History, Columbia, South Carolina, p. 12; Jason O. Watson/historical-markers.org/Alamy Stock Photo, p. 13; agefotostock/Alamy Stock Photo, p. 14; Painting by Nathaniel Jocelyn/New Haven Colony Historical Society via Wikipedia Commons, p. 15; Painting by Charles T. Webber/Cincinnati Art Museum via Wikipedia Commons, p. 16; National Museum of African American History and Culture shared with the Library of Congress, p. 17 (izquierda); History and Art Collection/Alamy Stock Photo, p. 18; Wikimedia Commons PD, p. 20; National Portrait Gallery, Smithsonian Institution, p. 21; Julian Leshay/Shutterstock.com, p. 23. Cicely Lewis portrait photos by Fernando Decillis.

Portada: Corbis/Getty Images.

Crédito por la consulta de contenidos: Cleopatra Warren, Ph.D., docente de historia de escuela secundaria, Atlanta Public Schools, Atlanta, GA

ediciones Lerner
Una división de Lerner Publishing Group, Inc.
241 First Avenue North
Mineápolis, MN 55401, EE. UU.

Si desea averiguar acerca de niveles de lectura y para obtener más información, favor consultar este título en www.lernerbooks.com.

Fuente del texto del cuerpo principal: Aptifer Sans LT Pro.
Fuente proporcionada por Linotype AG.

Library of Congress Cataloging-in-Publication Data

Names: Lewis, Cicely, author. | Zab Translation Solutions, translator.
Title: Resistencia a la esclavitud : fugas y actos diarios de rebeldía / Cicely Lewis ; la traducción al español fue realizada por Zab Translation.
Other titles: Resistance to slavery. Spanish | Fugas y actos diarios de rebeldía
Description: Minneapolis : Ediciones Lerner, [2024] | Series: La esclavitud en Estados Unidos y la lucha por la libertad (Read woke books en español) | Original title "Resistance to slavery: from escape to everyday rebellion" by Cicely Lewis published in English by Lerner Publications in 2022. | Includes bibliographical references and index. | Audience: Ages 9–14 | Audience: Grades 4–6 | Summary: "In addition to slave uprisings and escapes on the Underground Railroad, enslaved people also resisted their mistreatment through small acts in their everyday lives. Discover the many forms of resistance to slavery. Now in Spanish!"— Provided by publisher.
Identifiers: LCCN 2023000593 (print) | LCCN 2023000594 (ebook) | ISBN 9781728491875 (lib. bdg.) | ISBN 9798765607589 (pbk.) | ISBN 9781728494234 (epub)
Subjects: LCSH: Slave insurrections—United States—History—Juvenile literature. | Antislavery movements—United States—History—Juvenile literature. | Slaves—United States—Social conditions—Juvenile literature. | Slavery—United States—History—Juvenile literature. | BISAC: JUVENILE NONFICTION / Social Topics / Prejudice & Racism | JUVENILE NONFICTION / History / United States / State & Local
Classification: LCC E441 .L4918 2024 (print) | LCC E441 (ebook) | DDC 306.3/620973—dc23/eng/20230111

Fabricado en los Estados Unidos de América
1-53126-51136-1/9/2023